Pfeffer

Pfeffer

Valerie Aikman-Smith

Fotos von Erin Kunkel

Aus dem Englischen von Renate Christ

Über 45 Rezepte für feurigen Genuss

VERLAGSGRUPPE PATMOS

PATMOS
ESCHBACH
GRÜNEWALD
THORBECKE
SCHWABEN

Die Verlagsgruppe
mit Sinn für das Leben

Für die Schwabenverlag AG ist Nachhaltigkeit ein wichtiger Maßstab ihres Handelns. Wir achten daher auf den Einsatz umweltschonender Ressourcen und Materialien.

Umschlaggestaltung:
Finken & Bumiller, Stuttgart
Satz: Schwabenverlag AG,
Ostfildern
Gedruckt in China
ISBN 978-3-7995-1133-9

Inhalt

Einführung

Das mächtige kleine Pfefferkorn – einst als „König der Gewürze" bekannt – ist für jeden Koch ein unverzichtbarer Bestandteil seiner Küche. Jedes Mal, wenn ich meine Pfeffermühle zur Hand nehme, werde ich sofort in die weit entfernten exotischen Länder versetzt, aus denen dieses winzige, robuste, edelsteinartige Gewürz stammt, und an seine Bedeutung im Lauf der Geschichte erinnert. Neben Salz und anderen Gewürzen spielte Pfeffer historisch eine entscheidende Rolle bei der Entstehung von Handelsrouten rund um den Globus, und er verhalf den Gewürzhändlern zu großem Reichtum. Er ist auch ein wesentliches Merkmal der indischen ayurvedischen Medizin und wird zur Linderung vieler verschiedener Leiden verwendet, unter anderem Erkältungen und Husten. Hippokrates mischte Pfeffer mit anderen Gewürzen, um Fieberkrankheiten zu behandeln, und die alten Römer glaubten, er sei ein Gegenmittel gegen Gift.

Die kleinen und farbenfrohen Pfefferkörner verfügen über ein ganzes Arsenal an verschiedenen Aromen, von feurig-scharf bis erdig, manche besitzen sogar kräftige Zitrusnoten. Die beerenartigen Früchte wachsen büschelweise an einer tropischen rankenden Pflanze, dem Pfefferstrauch (*Piper nigrum*), und werden in der Sonne geerntet und getrocknet. Ursprünglich stammt Pfeffer aus Indien, er wird inzwischen aber auch in Vietnam, Brasilien, Indonesien, China und Malaysia kommerziell angebaut.

Es gibt eine breite Auswahl an Pfeffersorten, die man verwenden kann, je nachdem, ob man backen, Marinaden würzen oder Eingelegtes aromatisieren möchte. Verwenden Sie bunte Pfefferkörner zum Pökeln und Einlegen. Rühren Sie frisch gemahlenen weißen Pfeffer unter eine cremige, seidige Béchamelsauce und träufeln Sie sie über gebratenen Fisch. Verleihen Sie Currys und Pfannengerührtem etwas Feuer mit zerstoßenen Szechuan-Pfefferkörnern. Würzen Sie in dicke Scheiben geschnittene Steaks mit dem kräftigen Tellicherry-Pfeffer und bereiten Sie klassische französische Saucen mit eingelegten grünen Pfefferkörnern zu. Vermischen Sie Pfefferkörner mit frischen Gewürzen und füllen Sie Ihre Pfeffermühle damit, um Nudelgerichten, Suppen und Salaten den letzten Schliff zu verleihen. Wenn Sie Glück haben, können Sie vielleicht frische Pfefferkörner ausfindig machen, die Sie unter langsam gegarte Eintöpfe und Currys rühren können.

Pfefferkörner sollten Sie so frisch wie möglich und in kleinen Mengen kaufen, weil sie für gewöhnlich nach ca. 6 Monaten ihre Würzkraft verlieren. Kaufen Sie am besten in spezialisierten Gewürzläden oder übers Internet. Im Supermarkt kann Pfeffer seinen Geschmack verlieren, weil er unter Umständen zu lange im Regal liegt. Achten Sie auf Fair-Trade-Labels und kaufen Sie nach Möglichkeit Pfeffer aus biologischem Anbau. Vergewissern Sie sich, dass die Pfefferkörner eine gute Farbe und ein starkes Aroma besitzen. Kaufen Sie ganze Körner, damit Sie sie in der Pfeffermühle mahlen oder im Mörser zerstoßen können. Bewahren Sie die Pfefferkörner in einem luftdicht verschlossenen Behälter in einem kühlen, dunklen Schrank auf.

Kleines Pfefferlexikon

1 Bunter Pfeffer
Eine Mischung aus grünen, roten, weißen und schwarzen Pfefferkörnern, die – frisch gemahlen – jedem Essen ein lebendiges Aussehen verleiht.

2 Grüner Pfeffer
Er wird in der Region Mysore in Südindien geerntet. Die Körner stammen von derselben Pflanze wie die schwarzen Pfefferkörner, werden aber unreif gepflückt. Sie besitzen eine erdige grüne Farbe und einen wunderbar frischen und kräftigen Geschmack.

3 Sansho-Pfeffer
Er wird in Kochi, in Japan, geerntet und ähnelt mit seiner Schärfe und der prickelnden Wirkung dem Szechuan-Pfeffer. Bei den Körnern handelt es sich um die unreifen Früchte der Esche. Sie sind wunderbar feurig und besitzen ein göttliches Zitrusaroma.

4 & 5 Eingelegter Pfeffer
Grüne Pfefferkörner, die in Salzlake eingelegt werden, besitzen einen intensiveren Geschmack als getrocknete Pfefferkörner. Sie verleihen Gerichten eine kräftige, erdige Schärfe, die sich gut in Saucen und Pasteten macht.

6 Tellicherry-Pfeffer
Für diesen Pfeffer lässt man die Früchte länger am Strauch reifen. Sie besitzen einen tiefen, dunklen und kräftigen Geschmack und sind etwas größer als normale Pfefferkörner. Sie stammen von der Malabarküste im Südwesten Indiens und werden erst gepflückt, wenn sie rot sind. Anschließend lässt man sie in der Sonne trocknen.

7 Rosa Pfeffer
Diese pinkfarbenen Pfefferkörner stammen ursprünglich von der Insel La Réunion im Indischen Ozean. Heute werden sie größtenteils in Brasilien angebaut. Sie sind zwar keine echten Pfefferkörner, besitzen aber ähnliche Eigenschaften mit einem süßen Geschmack und ein bisschen Schärfe.

8 Lampong-Pfeffer
Bei dieser Sorte, die in Indonesien angebaut wird, bleiben die Früchte nicht lange am Strauch, sondern werden gepflückt, sobald sie reifen. Dadurch erhält man einen süßen, holzigen Geschmack. Er passt zu jeder Art von Gerichten gut, am besten aber zur chinesischen Küche.

9 Geräucherter Pfeffer
Diese schwarzen Pfefferkörner wurden mit Aromen wie Hickory, Mesquite und Bourbon langsam geräuchert. Die rauchigen, dunklen, kräftigen Aromen passen ganz ausgezeichnet zu (Trocken-)Marinaden und Saucen.

10 Szechuan-Pfeffer
Dies ist kein echter Pfeffer. Er stammt ursprünglich aus der chinesischen Provinz Szechuan, und es handelt sich dabei um die Samenkapseln eines aromatischen Strauches aus der Familie der Rautengewächse. Sie besitzen eine edelsteinartige Färbung in dunklem Rot und hellem Grün und einen wunderbar feurigen Geschmack, der nach einer Weile einer Süße weicht.

11 Weißer Pfeffer
Dieser stammt aus Sarawak in Borneo. Die Früchte werden geerntet, wenn sie schwarz und reif sind und anschließend in Wasser eingeweicht, um das Fruchtfleisch zu entfernen. Die Körner besitzen ein moschusartiges Aroma und sind schärfer als die meisten anderen Pfefferkörner. Sie eignen sich besonders gut zum Würzen von weißen Saucen und Käsegerichten.

12 Langer Pfeffer
Dieser wächst an einer Kletterpflanze mit kleinen schwarzen Fruchtkätzchen. Er wird in Indien und Indonesien geerntet und ist für seine Heilkräfte bekannt. Er besitzt ein fruchtiges Aroma, welches viel schärfer ist als das von schwarzem Pfeffer, und eine gute, lang anhaltende Schärfe.

13 Malabar-Pfeffer
Die Früchte für diesen Pfeffer werden in dem Staat Kerala an der indischen Malabarküste geerntet. Nach dem Pflücken lässt man sie in der Sonne trocknen und schwarz werden. Sie besitzen eine einzigartige durchdringende Schärfe mit einer kräftigen, süßen Erdigkeit.

1
2
3
4
5
6
7
8
9
10
11
12
13

Vorspeisen und Snacks

In Tempurateig ausgebackene grüne Bohnen schmecken einfach himmlisch.

Grüne-Bohnen-Tempura

200 g Reismehl
½ TL gemahlene Hachimi-Togarashi-Mischung für die Pfeffermühle (s. S. 53) und zusätzlich zum Bestreuen
½ TL Meersalz
1 Ei
350 ml Sodawasser/Clubsoda
Pflanzenöl zum Ausbacken
450 g grüne Bohnen, geputzt

4 PORTIONEN

Alle Zutaten außer dem Öl und den grünen Bohnen in einen Mixer geben und ca. 30 Sekunden lang vermischen.

Einen weiten, mittelgroßen Topf zur Hälfte mit Öl füllen und auf mittlerer bis hoher Stufe so lange erhitzen, bis das Öl anfängt zu sieden.

Die Bohnen portionsweise zuerst in den Teig tauchen und anschließend 3–4 Minuten lang frittieren, bis sie goldgelb und gar sind. Auf einem Gitter abtropfen lassen, mit Hachimi Togarashi bestreuen und servieren.

Bei diesen würzigen Hülsenfrüchten kann man mit dem Knabbern gar nicht mehr aufhören.

Geröstete Kichererbsen

1 EL Harissa
1 EL natives Olivenöl extra
1 TL zerstoßene geräucherte Pfefferkörner
1 TL gemahlener Koriander
1 TL gemahlener Kreuzkümmel
1 TL Meersalz
2 Dosen Kichererbsen à 400 g, abgegossen und abgespült

ALS SNACK SERVIEREN

Den Backofen auf 200 °C vorheizen.

Harissa, Öl, Pfeffer, Koriander, Kreuzkümmel und Salz in einer Schüssel vermischen. Die Kichererbsen hinzufügen und untermischen.

Die Kichererbsen in einer gleichmäßigen Lage auf einem Backblech verteilen und im vorgeheizten Backofen 30 Minuten lang rösten. Nach der Hälfte der Zeit einmal am Blech rütteln. Aus dem Backofen nehmen und vor dem Servieren abkühlen lassen. Halten sich in einem luftdicht verschließbaren Behälter bis zu 1 Woche.

Diese Eier werden in China als Imbiss auf der Straße verkauft.

Tee-Eier

6 hart gekochte Eier
1 Beutel Schwarztee
4 Sternanis
1 TL Fünf-Gewürze-Pulver
2 TL zerstoßener Szechuan-Pfeffer
1 Zimtstange
120 ml Sojasauce
Meersalz und gemahlene chinesische Fünf-Gewürze-Mischung für die Pfeffermühle (s. S. 53) zum Servieren

ERGIBT 6 STÜCK

Die Eier vorsichtig so auf einer Arbeitsfläche hin und her rollen, dass die Schale rundum angeknackst wird.

Die restlichen Zutaten in einen Topf geben und mit 475 ml Wasser übergießen. Bei starker Hitze zum Kochen bringen, anschließend die Hitze reduzieren und die Flüssigkeit 5 Minuten lang sieden lassen. Vom Herd nehmen und die Eier in den Topf legen. Den Topf über Nacht in den Kühlschrank stellen.

Die Eier schälen. Halbieren und mit Salz und Fünf-Gewürze-Mischung bestreuen.

In dieser Pfefferkruste steckt der Geschmack des Souks.

Selbst gemachter Ricotta mit Pfefferkruste

950 ml Vollmilch
120 ml Crème double
1 TL grobes Meersalz
1 ½ EL destillierter Bio-Weißweinessig
2 EL gemahlene marokkanische Rosenblütenblätter-Mischung für die Pfeffermühle (s. S. 53)

ERGIBT CA. 450 G

Milch, Crème double und Salz in einen großen Topf geben und zum Kochen bringen. Vom Herd ziehen und den Essig unterrühren. Anschließend einen Deckel auflegen und abkühlen lassen.

Ein Sieb mit einem Mulltuch auskleiden und über eine große Schüssel legen. Die Mischung durch das Sieb in die Schüssel gießen. Abdecken und über Nacht in den Kühlschrank stellen.

Den Käse zu einer Rolle formen und fest in ein Stück Frischhaltefolie wickeln. Zum Servieren auspacken und in der marokkanischen Rosenblütenblätter-Mischung wälzen.

Diese Trauben passen ganz großartig zu einer Käseplatte oder einem Salat.

Im Ofen gebackene Weintrauben

450 g kernlose rote Weinbeeren an der Traube
1 EL natives Olivenöl extra
2 TL Fenchelpollen oder gemahlener Fenchel
1 TL zerstoßene schwarze Tellicherry-Pfefferkörner
1 TL grobes Meersalz
6 Zweige frischer Thymian

ERGIBT 450 G

Den Backofen auf 190 °C vorheizen.

Die Trauben in ein großes feuerfestes Gefäß geben. Mit dem Olivenöl beträufeln, mit Fenchel, Pfeffer und Salz bestreuen. Die Trauben behutsam wenden, um sie mit dieser Mischung zu bedecken. Die Thymianzweige auf und um die Trauben legen. Im vorgeheizten Backofen 45 Minuten lang rösten. Nach der Hälfte der Zeit einmal umdrehen.

Die Trauben serviert man am besten, wenn sie Zimmertemperatur haben.

Servieren Sie diesen mit Salzlake und Pfeffer aromatisierten Honig über Käse oder Grillfleisch geträufelt oder mit einer Vinaigrette verquirlt. Oder rühren Sie ihn unter einen Cocktail für einen ungewöhnlichen Dreh.

Mit Pfeffer aromatisierter Honig

2 Rispen in Salzlake eingelegte grüne Pfefferkörner (falls Sie keine Rispen bekommen können, nehmen Sie stattdessen 2 EL)
560 g Bio-Wildblütenhonig

ERGIBT 560 G

Die Pfefferkörner in ein sterilisiertes Glas mit fest verschließbarem Deckel geben. Den Honig einfüllen und den Deckel zuschrauben. Vor der Verwendung 1 Woche lang ziehen lassen. Je länger Sie den Honig stehen lassen, desto intensiver wird sein Geschmack.

Haferplätzchen sind wundervolle schottische Klassiker und machen sich ganz ausgezeichnet als Begleiter zu Käse, Pasteten und Aufstrichen. Sie können den Teig in Streifen, Dreiecke oder Quadrate schneiden oder Plätzchenausstecher verwenden.

Haferplätzchen mit buntem Pfeffer

235 g Haferflocken
2 TL zerstoßene bunte Pfefferkörner
2 TL grobes Meersalz
½ TL Natron
2 EL zerlassene Butter
235 ml kochendes Wasser
2 mit Backpapier ausgelegte Backbleche

ERGIBT CA. 15 STÜCK

Den Backofen auf 175 °C vorheizen.

Haferflocken, Pfefferkörner, Salz und Natron in einen Blitzhacker geben und vermischen. Die zerlassene Butter und das kochende Wasser eingießen und so lange mixen, bis sich die Zutaten zu einem Teig verbinden.

Den Teig auf eine bemehlte Arbeitsfläche geben. Zu einem langen, 15 cm breiten Rechteck ausrollen, in 2,5 cm breite Streifen schneiden und diese auf die vorbereiteten Backbleche legen.

Im vorgeheizten Backofen in 15–18 Minuten goldbraun backen. Auf einem Kuchengitter abkühlen lassen.
Bei Zimmertemperatur in einem luftdicht verschließbaren Behälter aufbewahren.

Genießen Sie dieses käsige, pfeffrige Buttergebäck pur oder mit einem Klecks salziger Tapenade.

Parmesan-Pfeffer-Shortbread

270 g Mehl
80 g fein geriebener Parmesan
2 TL grob gemahlener Malabar-Pfeffer
1 EL frische Thymianblättchen
225 g kalte gesalzene Butter, gewürfelt
1 EL grobes Meersalz
2 mit Backpapier ausgelegte Backbleche
1 runder Plätzchenausstecher mit 6 cm Durchmesser

ERGIBT CA. 27 STÜCK

Mehl, Parmesan, Pfeffer und Thymian in einen Blitzhacker geben und vermischen. Die Butter hinzufügen und so lange mixen, bis sich die Zutaten zu einem Teig verbinden.

Den Teig auf eine bemehlte Arbeitsfläche geben und ein paar Minuten lang kneten, anschließend 5 mm dick ausrollen. Mit dem Ausstecher runde Plätzchen ausstechen und auf die Backbleche legen. Die Teigreste zusammenkneten und erneut ausrollen, bis der ganze Teig verbraucht ist.
Die Oberfläche der Plätzchen mit einer Gabel einstechen.
Die Backbleche für 15 Minuten ins Gefrierfach stellen.

Den Backofen auf 175 °C vorheizen.

Die Plätzchen aus dem Gefrierfach nehmen, mit Salz bestreuen und im vorgeheizten Backofen 12–15 Minuten lang backen, bis sie goldbraun sind. Herausnehmen und auf einem Kuchengitter abkühlen lassen.

So schmeckt Griechenland: Diese Päckchen aus salzigem, mit Zitruspfeffer bestreutem Feta und eingelegten Weinblättern ergeben eine wunderbare Vorspeise zum Teilen.

Feta im Weinblatt

450 g Feta
24 eingelegte Weinblätter
2 EL gemahlene Zitrus-Pfeffer-Mischung für die Pfeffermühle (s. S. 53)
die Schale von 1 unbehandelten Zitrone, in Streifen geschnitten
Olivenöl zum Bedecken

ERGIBT 24 STÜCK

Den Feta in 24 Würfel schneiden. Die Weinblätter auf eine Arbeitsfläche legen und ein Stück Feta in der Nähe des Stielansatzes auf ein Blatt legen. Mit der Pfeffermischung bestreuen.

Die beiden Seiten des Blattes über den Feta klappen und das Blatt von unten wie eine Zigarre aufrollen. Diesen Vorgang wiederholen, sodass sich 24 Päckchen ergeben. Die Fetapäckchen in ein Gefäß aus Glas legen. Mit der Zitronenschale bestreuen und mit Olivenöl bedecken.

Zudecken und vor dem Servieren mindestens 1 Woche lang im Kühlschrank aufbewahren. Die Päckchen halten sich im Kühlschrank bis zu 1 Monat lang.

Die leuchtend grünen, edelsteinartigen Castelvetrano-Oliven aus Italien eignen sich perfekt dafür, in der Pfanne gebraten zu werden. Mit Zitrusfrüchten und salzigen Kapern gemischt schmecken sie nach dem ländlichen Italien.

Gebratene Pfefferoliven

2 EL Olivenöl
225 g nicht entsteinte Castelvetrano-Oliven
2 Scheiben getrocknete Mandarine oder Orange
½ TL zerstoßene Mischung für die Pfeffermühle mit geräuchertem Pfeffer (s. S. 53)
2 TL gesalzene Kapern

4–6 PORTIONEN

Das Öl in einer Bratpfanne bei mittlerer Hitze erhitzen. Die Oliven, die Mandarinen- oder Orangenscheiben, die Pfeffermischung und die gesalzenen Kapern hinzufügen und 3–4 Minuten lang braten.

In eine Schüssel füllen und sofort servieren.

Hauptgerichte

Was ich an Pho am meisten mag, sind die ganzen Saucen und Kräuter, die dazugehören. Man kann die Suppe einfach halten oder auf den Putz hauen und sie richtig aufmotzen – es gibt keine festen Regeln!

Gepfefferte Rinder-Pho

1,5 l gute Hühnerbrühe
2 Sternanis
1 Stück frischer Ingwer (2,5 cm)
2 EL Fischsauce
2 EL geröstetes Sesamöl
3 EL Sojasauce
1 EL Sambal Oelek (asiatische Chilipaste)
1 TL Lampong-Pfefferkörner, zerstoßen
1 Knoblauchzehe, fein gehackt
450 g Sirloin-Steak
600 g gekochte Reisnudeln
115 g Bohnensprossen
135 g geriebene Karotte
3 Frühlingszwiebeln, in feine Scheiben/Ringe geschnitten
2 rote Chilischoten, in feine Streifen geschnitten
eine Auswahl an frischem vietnamesischem Basilikum, Pfefferminze, Koriander, Limettenspalten und Chilisauce zum Servieren

4 PORTIONEN

Die Hühnerbrühe in einen Topf geben, Sternanis, Ingwer und Fischsauce hinzufügen und zum Kochen bringen. Anschließend die Hitze reduzieren und die Brühe 20 Minuten lang sieden lassen.

In einer flachen Schüssel Sesamöl, Sojasauce, Sambal Oelek, Pfefferkörner und Knoblauch miteinander verquirlen. Das Steak hinzufügen und in der Marinade wenden.

Eine schwere gusseiserne Pfanne auf hoher Stufe so lange erhitzen, bis sie qualmt. Das Steak darin auf jeder Seite 2 Minuten lang scharf anbraten, anschließend auf ein Schneidbrett legen. Die Hitze reduzieren und die restliche Marinade in die Pfanne geben. Ein paar Minuten lang köcheln lassen, bis sie eingedickt ist, dann in eine kleine Schüssel füllen. Das Steak in dünne Streifen schneiden.

Die Nudeln, die Bohnensprossen und die geriebene Karotte auf vier große Schüsseln verteilen. Mit Steakstreifen belegen und mit heißer Brühe übergießen. Mit den Frühlingszwiebeln und den Chilistreifen bestreuen. Mit den frischen Kräutern, den Limettenspalten und der Sauce servieren.

Drambuie kommt aus Schottland und wird aus Whisky hergestellt, der mit Gewürzen, Heidehonig und Kräutern aromatisiert wird. Man glaubt, das Rezept sei für Bonnie Prince Charlie kreiert worden. Wenn man ihn unter eine Pfeffersauce zieht, verleiht ihr das eine wundervolle Wärme und passt besonders gut zu Steaks.

Pfeffersteak mit Drambuie-Sauce

680 g Porterhouse- oder T-Bone-Steak, 3,5 cm dick
Meersalz, nach Belieben
1 EL frische Thymianblätter und zusätzlich ein paar Stängel zum Garnieren
2 EL Olivenöl
4 TL zerstoßene bunte Pfefferkörner
30 g gesalzene Butter
1 Schalotte, fein gewürfelt
1 Knoblauchzehe, fein gehackt
120 ml Crème double
120 ml Rinderfond
4 EL Drambuie-Likör

2 PORTIONEN

Das Steak in ein Gefäß aus Keramik geben und mit Salz würzen. Die Thymianblätter mit der Hälfte des Olivenöls und 3 TL Pfefferkörnern vermischen und auf dem Steak verteilen, sodass es eine Kruste bekommt.

Eine schwere, gusseiserne Pfanne auf hoher Stufe so lange erhitzen, bis sie qualmt, dann das Steak hineinlegen. 8 Minuten lang braten, dann umdrehen, die Herdplatte auf mittlere Stufe stellen und das Steak weitere 5 Minuten lang braten. Auf einen vorgewärmten Teller legen, mit Alufolie abdecken und 10 Minuten lang ruhen lassen.

Das restliche Olivenöl mit der Butter in die Pfanne geben und umrühren, bis die Butter geschmolzen ist. Die restlichen Pfefferkörner, die Schalotte und den Knoblauch hinzufügen und umrühren. Bei mittlerer Hitze in 4–5 Minuten goldbraun braten. Crème double, Fond und Drambuie hinzufügen und zum Kochen bringen. Anschließend die Hitze reduzieren und die Sauce ein paar Minuten lang köcheln lassen. Mit Salz würzen und in ein Kännchen umfüllen.

Das Steak in Scheiben schneiden, mit den Thymianstängeln garnieren und mit der Sauce servieren.

Ich bereite liebend gerne Currys zu, was teilweise an den farbenfrohen Zutaten liegt, die hineinkommen. Dieses Curry ist von würzigen und aromatischen zerstoßenen Malabar-Pfefferkörnern von der Südwestküste Indiens durchzogen. Trockenobst verleiht dem Gericht einen Hauch Süße.

Indisches Pfefferhähnchen

8 Hähnchenoberschenkel mit Haut und Knochen
2 TL gemahlener Malabar-Pfeffer
1 TL Meersalz
4 EL Ghee oder Olivenöl
1 große Zwiebel, gewürfelt
2 Knoblauchzehen, fein gehackt
1 TL Currypulver
1 TL Kurkuma
1 TL Ancho-Chilipulver
1 TL gemahlener Kreuzkümmel
4 Zweige mit frischen Curryblättern
475 ml Hühnerbrühe
70 g Rosinen oder getrocknete Datteln
Naan-Brot zum Servieren

4 PORTIONEN

Die Hähnchenoberschenkel mit Pfeffer und Salz bestreuen. Darauf achten, dass sie rundum damit bedeckt sind.

Eine große Bratpfanne bei mittlerer bis starker Hitze aufsetzen und 3 EL Ghee oder Öl hinzufügen. Die Hähnchenteile mit der Hautseite nach unten in die Pfanne legen und in ca. 4 Minuten goldbraun braten. Wenden und auch von der anderen Seite bräunen. Anschließend auf einen großen Teller legen.

Das restliche Ghee bzw. Öl in die Pfanne geben und die Zwiebel und den Knoblauch darin goldbraun braten (ca. 5 Minuten). Currypulver, Kurkuma, Chilipulver und Kreuzkümmel hinzufügen und untermischen. 2 Minuten lang mitbraten.

Die Hähnchenteile mit der Hautseite nach unten wieder in die Pfanne legen und mit den Curryblättern belegen. Die Hühnerbrühe einfüllen und zum Kochen bringen. Anschließend die Hitze so weit reduzieren, dass die Brühe nur noch siedet, und die Pfanne mit einem Deckel oder mit Alufolie abdecken. 30 Minuten lang köcheln lassen.

Den Deckel entfernen und die Rosinen oder Datteln in die Sauce geben.
Die Hähnchenteile wenden und ohne Deckel weitere 30 Minuten lang köcheln lassen.

Das Hähnchen mit der Sauce und warmem Naan-Brot servieren.

Brathähnchen ist eines meiner Lieblingsgerichte, und wenn man es mit einer traumhaften Schicht aus Butter und grünen Pfefferkörnern in Salzlake röstet, wird es sogar noch besser. Diese Abwandlung des klassischen Pfeffersteaks schmeckt einfach köstlich.

Pfefferhähnchen

60 g zimmerwarme Butter
2 EL in Salzlake eingelegte grüne Pfefferkörner
geriebene Schale von 1 unbehandelten Zitrone
2 EL Zitronensaft
1 TL Meersalz und zusätzlich zum Würzen
1 Hähnchen, 1,8 kg schwer
Olivenöl zum Beträufeln
1 Knoblauchknolle, halbiert
ein paar Zweige frischer Thymian
60 ml Weißwein

Sauce
1 EL in Salzlake eingelegte grüne Pfefferkörner
1 Schalotte, in Scheiben geschnitten
200 ml Weißwein
200 ml Crème double

4 PORTIONEN

Den Backofen auf 190 °C vorheizen.

Butter, Pfefferkörner, Zitronenschale und -saft sowie Salz in einem Blitzhacker vermischen.

Das Hähnchen in einen Bräter legen. Mit einem Messer an der Brustseite zwischen Haut und Fleisch eine Tasche schneiden und mit der Pfefferbutter füllen. Mit den Händen glatt streichen und gleichmäßig verteilen. Eventuell übrig gebliebene Butter auf dem Hähnchen verstreichen, anschließend mit Olivenöl beträufeln und mit Meersalz bestreuen.

Den Knoblauch und den Thymian in den Bräter geben, den Wein dazugießen. Im Backofen 1 Stunde lang braten, anschließend herausnehmen. Von der Garflüssigkeit 4 EL abnehmen und für die Sauce in eine Pfanne geben. Das Hähnchen mit Alufolie abdecken und 15 Minuten lang ruhen lassen.

Für die Sauce die Bratpfanne bei mittlerer bis starker Hitze aufsetzen und die Pfefferkörner und die Schalotte zur Garflüssigkeit geben. Eine der gerösteten Knoblauchknollenhälften nehmen und den Knoblauch in die Pfanne drücken. 3 Minuten lang köcheln lassen und dabei den Knoblauch zu einer Paste zerdrücken. Wein und Crème double angießen und zum Kochen bringen. Anschließend die Hitze so weit reduzieren, dass die Sauce lebhaft siedet. Salzen und unter gelegentlichem Rühren 10 Minuten lang köcheln lassen. In eine Kanne umfüllen und zum Hähnchen servieren.

Schweinebauch gehört zu meinen absoluten Lieblingsgerichten. Rösten Sie ihn so lange im Ofen, bis er eine dunkle, knusprige Kruste bekommt und belegen Sie ihn dann mit süßen, saftigen Pflaumen. Im Winter können Sie dazu Nudeln oder Reis servieren, im Sommer reicht ein großer, knackiger grüner Salat. Für einen optimalen Geschmack sollten Sie dem Fleisch ausreichend Zeit zum Marinieren gewähren.

Schweinebauch auf Szechuan-Art mit Pflaumen

1,5 kg Schweinebauch
2 TL Meersalz
70 g Orangenblütenhonig
60 ml Sojasauce
60 ml Reisweinessig
1 EL geröstetes Sesamöl
1 EL Sambal Oelek (asiatische Chilipaste)
1 EL zerstoßene Szechuan-Pfefferkörner
4 Knoblauchzehen
1 Stück frischer Ingwer (5 cm), geschält
½ TL gemahlener Zimt
6 mittelgroße Pflaumen, halbiert und entsteint

6 PORTIONEN

Den Schweinebauch auf eine Arbeitsfläche legen. Die Haut einritzen und rundum mit dem Salz einreiben.

Honig, Sojasauce, Essig, Sesamöl, Sambal Oelek, Pfefferkörner, Knoblauch, Ingwer und Zimt in einen Mixer geben und zu einer glatten Marinade verarbeiten. Diese in eine Auflaufform gießen und den Schweinebauch mit der Hautseite nach unten darauflegen. Die Mischung auch über das Fleisch löffeln, sodass es rundum gleichmäßig davon bedeckt ist. Zudecken und für 6–24 Stunden in den Kühlschrank stellen.

Das Schweinefleisch aus dem Kühlschrank nehmen, aufdecken und Zimmertemperatur annehmen lassen.

Den Backofen auf 175 °C vorheizen.

Den Schweinebauch in den Ofen schieben und 2 Stunden lang rösten, alle 30 Minuten mit Garflüssigkeit übergießen.

Das Fleisch aus dem Ofen nehmen und das ausgetretene Fett abgießen. Den Schweinebauch mit der Hautseite nach oben in die Form legen, damit sie knusprig wird. Die Pflaumen um das Fleisch herum legen und nochmals für 30–40 Minuten in den Backofen schieben. Anschließend aus dem Backofen nehmen, mit Alufolie abdecken und 15 Minuten lang ruhen lassen. Zum Servieren in dicke Scheiben schneiden und mit Pflaumen belegen.

Gochujang ist eine rote Würzpaste, die in der koreanischen Küche verwendet wird und in unterschiedlichen Schärfegraden erhältlich ist. Servieren Sie dazu einen asiatischen Krautsalat oder Kimchi.

Rinderrippe auf koreanische Art

8 Rinderrippen, 1 cm dick
3 Frühlingszwiebeln, in feinen Ringen
2 EL schwarze Sesamkörner

Marinade
60 ml Sojasauce
60 ml geröstetes Sesamöl
140 g Orangenblütenhonig
2 gehäufte EL Gochujang
1 EL Fischsauce
4 Knoblauchzehen, zerdrückt
2 Serrano-Chilischoten, gehackt
2 TL zerstoßener bunter Pfeffer
½ TL Meersalz

Eingelegte Karotten und Rosinen (optional)
6 Karotten, geraspelt
100 g Rosinen
2 Schalotten, in dünnen Scheiben
1 TL Lampong-Pfefferkörner, grob zerstoßen
1 Rezeptmenge Essigsud (s. S. 54)
½ TL gemahlener Kreuzkümmel
½ TL gemahlener Koriander

4 PORTIONEN

Die Rippen in einer Lage in eine Auflaufform aus Keramik legen.
Alle Zutaten für die Marinade in einen Mixer geben und zu einer homogenen Masse verarbeiten. Über die Rippen gießen und mit den Frühlingszwiebeln und den Sesamkörnern bestreuen. Zudecken und für 6–24 Stunden in den Kühlschrank stellen.

Die Rippen aus dem Kühlschrank nehmen und Zimmertemperatur annehmen lassen.

Den Grill des Backofens oder einen Holzkohlegrill auf mittlere bis starke Hitze vorheizen. Die Rippen auf den Rost legen und 5 Minuten lang garen, anschließend wenden und weitere 5 Minuten lang garen. Auf einen vorgewärmten Teller legen und mit Alufolie bedecken. 10 Minuten lang ruhen lassen.

Die restliche Marinade in einem kleinen Topf zum Kochen bringen, dann die Hitze reduzieren und 5 Minuten lang köcheln lassen. Anschließend die Marinade in eine kleine Schüssel umfüllen und zu den Rippen reichen. Dazu nach Belieben eingelegte Karotten und Rosinen servieren.

Eingelegte Karotten und Rosinen *(Abb. s. S. 55)*

Die eingelegten Karotten und Rosinen müssen mindestens 1 Woche im Voraus zubereitet werden, damit sie gut durchziehen können. Die Karottenraspel, die Rosinen, die Schalotten und die Pfefferkörner in ein sterilisiertes Glas schichten. Die Zutaten für den Essigsud zum Kochen bringen, dann den Kreuzkümmel und den Koriander hinzufügen und umrühren, damit sich der Zucker auflöst. 3 Minuten lang kochen lassen, anschließend in das Glas füllen und den Deckel zuschrauben. Weiter nach der Anleitung von S. 54 verfahren.

Dieses mit Kaffirlimettenblättern und Zitronengras zart aromatisierte Curry bekommt durch die Zugabe von grünen Pfefferkörnern und frischen Chilischoten noch etwas Feuer. Servieren Sie dazu viele duftende Kräuter und saftige Limetten zum Ausdrücken.

Grünes Kokos-Garnelen-Curry

2 EL Kokosöl
820 ml Kokosmilch
45 g getrocknete ungesüßte Kokosflocken
450 g Garnelen, geschält, mit Schwänzen
frischer Koriander zum Servieren
Kaffirlimetten oder normale Limetten zum Servieren

Currypaste

2 Serrano-Chilischoten, grob gehackt
1 Stück frischer Ingwer (5 cm), geschält und in Scheiben geschnitten
3 Stängel Zitronengras, nur das Weiße, in Scheiben geschnitten
3 Knoblauchzehen
2 TL grüne Pfefferkörner
2 TL Garnelenpaste
1 TL gemahlener Koriander
6 Kaffirlimettenblätter
geriebene Schale und Saft von 1 unbehandelten Kaffirlimette oder normalen Limette
2 EL Fischsauce

4 PORTIONEN

Alle Zutaten für die Currypaste in einen Mixer oder Blitzhacker geben und zu einer homogenen Paste verarbeiten.

Eine hohe Bratpfanne bei mittlerer bis starker Hitze aufsetzen und das Kokosöl hinzufügen. Die Currypaste darin unter ständigem Rühren 3–4 Minuten lang anschwitzen. Kokosmilch und -flocken in die Pfanne geben und unterrühren. Einmal aufkochen lassen, dann die Hitze reduzieren und das Curry 20 Minuten lang köcheln lassen.

Die Hitze wieder erhöhen und das Curry nochmals zum Kochen bringen. Die Garnelen hinzufügen, einen Deckel auflegen und 5–6 Minuten lang kochen lassen, bis die Garnelen rosa und durchgegart sind.

Vom Herd ziehen und 5 Minuten lang ruhen lassen. In Schüsseln füllen und mit Korianderblättern bestreuen. Mit Limetten zum Ausdrücken servieren.

Ich bin in Schottland aufgewachsen und fing dort Makrelen aus unserem Boot heraus. Daher habe ich ein Faible für diesen köstlichen Fisch. Escabeche ist eine im Mittelmeerraum weit verbreitete Konservierungsmethode. Ich bereite dieses Rezept gerne für ein großes Mittagessen am Wochenende vor, weil es sich ohne Stress im Voraus zubereiten lässt.

Escabeche mit Makrele und sauer eingelegtem Gemüse

4 Makrelenfilets mit Haut
Meersalz und frisch gemahlener schwarzer Pfeffer, nach Belieben
2 EL natives Olivenöl extra
4 Schalotten, in feinen Scheiben
1 Karotte, geraspelt
2 TL Tellicherry-Pfefferkörner
3 Knoblauchzehen, in feinen Scheiben
2 Lorbeerblätter
2 TL Piment d'Espelette oder scharfe rote Chiliflocken
350 ml Weißwein
235 ml Weißweinessig
knuspriges Brot zum Servieren

Curry-Blumenkohl

150 g Blumenkohlröschen
1 große Fenchelknolle, in dünnen Scheiben
1 Rezeptmenge Essigsud (s. S. 54)
1 TL Currypulver
1 TL Senfkörner
1 TL weiße Pfefferkörner

4 PORTIONEN

Der Curry-Blumenkohl muss mindestens 1 Woche im Voraus zubereitet werden, damit er gut durchziehen kann. Das Gemüse in ein sterilisiertes Glas schichten. Die Zutaten für den Essigsud zum Kochen bringen und umrühren, damit sich der Zucker auflöst. Anschließend das Currypulver, die Senfkörner und die Pfefferkörner unterrühren. 3 Minuten lang kochen lassen, dann den Sud in das Glas füllen und den Deckel zuschrauben. Weiter nach der Anleitung von S. 54 verfahren.

Die Makrelenfilets mit Salz und Pfeffer würzen und beiseite stellen.

Das Olivenöl in eine mittelgroße Pfanne geben und diese bei milder Hitze aufsetzen. Schalotten, Karotten, Pfefferkörner, Knoblauch, Lorbeerblätter und Piment d'Espelette/Chiliflocken hinzufügen. Die Zutaten miteinander vermischen und bei milder Hitze 3–4 Minuten lang anschwitzen.

Die Hitzezufuhr erhöhen, Wein und Essig angießen und mit einer Prise Salz würzen. Einmal aufkochen lassen, dann die Hitze wieder reduzieren und die Mischung 20 Minuten lang sieden lassen.

Die Makrelenfilets in die Pfanne legen, mit etwas Gemüse bedecken und mit Flüssigkeit übergießen. 3 Minuten lang köcheln lassen, dann vom Herd ziehen. Einen Deckel auflegen und die Makrelen abkühlen lassen. Die Pfanne für 4–24 Stunden in den Kühlschrank stellen.

Zum Servieren auf jedem Teller ein Makrelenfilet mit etwas Marinade anrichten und den eingelegten Blumenkohl sowie knuspriges Brot dazu reichen.

Kaufen Sie für dieses Gericht Ahi-Thunfisch (Gelbflossen-Thun) in Sushiqualität und umhüllen Sie ihn mit einer Zitrus-Pfeffer-Kruste. Der zitronige Yuzusaft ist eigentlich ein Muss, aber wenn Sie keinen bekommen, können Sie auch Zitronensaft verwenden. Shiso ist ein Kraut mit wunderbarem Zitrusgeschmack, aber Sie können auch andere Blätter verwenden, z.B. Basilikum.

Zitrus-Ahi-Thunfisch (Gelbflossen-Thun) mit Yuzu-Sauce

450 g Ahi-Thunfisch (Gelbflossen-Thun) in Sushiqualität
2 TL fein gehackte getrocknete unbehandelte Orangenschale
4 TL gemahlene grüne Pfefferkörner
1 TL Meersalz
2 EL Sonnenblumenöl
Shiso-Blätter zum Servieren, nach Belieben

Sauce

1 EL Yuzusaft
2 TL Sesamöl
1 EL Sojasauce
1 TL geriebener frischer Ingwer
1 TL fein gehackte grüne Chili
1 Prise brauner Zucker

2 PORTIONEN

Für die Sauce alle Zutaten miteinander verquirlen, in eine Schüssel füllen und beiseite stellen.

Den Thunfisch unter fließendem kaltem Wasser abspülen und trocken tupfen. Den Thunfisch in zwei Rechtecke schneiden und beiseite legen.

Orangenschale, Pfefferkörner und Salz auf einem großen Teller miteinander vermischen und die Thunfischstücke darin wälzen.

Eine große Pfanne bei mittlerer bis starker Hitze aufsetzen und das Öl einfüllen. Wenn die Pfanne raucht, den Fisch darin in 3 Minuten rundum scharf anbraten. Der Thunfisch soll in der Mitte roh bleiben.

Den Thunfisch auf ein Schneidbrett legen und ein paar Minuten lang ruhen lassen. Ein paar Shiso-Blätter auf 2 Teller legen. Den Thunfisch in 2,5 cm dicke Scheiben schneiden und auf den Blättern anrichten. Mit der Sauce servieren.

Dieses Rezept mit scharfem, zitronigem Sansho-Pfeffer ist meine Spielart der allseits beliebten Pfeffer-und-Salz-Garnelen, die man überall auf der Welt in Chinarestaurants serviert bekommt. Tauchen Sie den frisch frittierten Tintenfisch in die scharfe Mayo und genießen Sie.

Pfeffer-und-Salz-Tintenfisch mit scharfem Sansho-Dip

½ TL gemahlener Sansho-Pfeffer
2 TL Meersalz
65 g Reismehl
450 g Tintenfisch, gesäubert und in Stücke geschnitten
frisch gepresster Saft von 1 Zitrone
Pflanzenöl zum Frittieren

Dip

115 g hochwertige Mayonnaise
5 g Blätter vom vietnamesischen oder normalen Basilikum
½ TL Sansho-Pfeffer
½ TL Meersalz
geriebene Schale von 1 unbehandelten Zitrone

4 PORTIONEN

Für den Dip alle Zutaten in einer kleinen Schüssel miteinander verquirlen. Beiseite stellen.

In einer flachen Schüssel den Sansho-Pfeffer, das Salz und das Reismehl miteinander vermengen. Die Tintenfischstücke in eine andere Schüssel geben und mit dem Zitronensaft übergießen.

Einen großen Topf zur Hälfte mit Öl füllen und auf mittlerer bis hoher Stufe so lange erhitzen, bis das Öl siedet.

Jeweils ein paar Tintenfischstücke nehmen und in der Reismehlmischung wälzen. Portionsweise je 2–3 Minuten lang frittieren, bis sie goldgelb und durchgegart sind. Auf einem Gitter abtropfen lassen.

Den frittierten Tintenfisch in einer Servierschale anrichten und mit dem Dip servieren.

Ich liebe die leichte Süße des Ahornsirups in Kombination mit den erdigen Gewürzen, die mit einer Meeresbrise in Form von Nori-Algen noch getoppt werden. Sie können den Tofu warm oder gekühlt servieren – so oder so schmeckt er einfach himmlisch.

Gebackener Tofu mit würziger Ahornsirupmarinade und Buchweizennudeln

450 g fester Bio-Tofu
70 ml hochwertiger Ahornsirup
1 EL Olivenöl
2 TL geräuchertes Paprikapulver (Pimentón)
1 TL frisch zerstoßener Tellicherry-Pfeffer
1 Prise Meersalz
270 g Soba-Nudeln aus Buchweizen
Tamari oder Sojasauce zum Beträufeln
1 Blatt Nori, zerkrümelt oder in feine Streifen geschnitten

4 PORTIONEN

Den Backofen auf 200 °C vorheizen.

Den Tofu in 1 cm dicke Stücke schneiden und in einer Lage in eine Auflaufform aus Keramik legen.

Ahornsirup, Olivenöl, geräuchertes Paprikapulver, Pfeffer und Meersalz in einer mittelgroßen Schüssel miteinander verquirlen. Den Tofu damit übergießen und anschließend im vorgeheizten Backofen 30 Minuten lang backen.

Einen großen Topf mit Wasser bei starker Hitze zum Kochen bringen und die Nudeln hinzufügen. 4 Minuten lang kochen lassen, anschließend abgießen, unter fließendem kaltem Wasser abspülen und beiseite stellen.

Zum Servieren die Nudeln auf 4 Schüsseln verteilen und mit einem Hauch Tamari oder Sojasauce beträufeln. Mit ein paar Tofustücken belegen und mit etwas Nori bestreuen.

Ein wunderbares Rezept für selbstgemachte Gnocchi, das sie wieder und wieder zubereiten werden. Die hauptsächlich milden und frischen Aromen bekommen einen kleinen Kick durch den Pfeffer. Mit reichlich Parmesan und frischer Zitronenschale bestreut sowie mit gutem Olivenöl beträufelt sind diese Gnocchi das perfekte Gericht für das ganze Jahr, sei es als einfaches Abendessen im Frühling oder als herzhafte Beilage zu geschmorter Rippe oder anderen Schmorgerichten.

Ricotta-Gnocchi mit Zitronenpfeffer

450 g selbst gemachter Ricotta (s. S. 12)
geriebene Schale von 2 großen unbehandelten Zitronen
20 g frisch geriebener Parmesan und zusätzlich zum Servieren
100 g Mehl und zusätzlich zum Bestäuben
1 großes Ei, verquirlt
½ TL gemahlener weißer Pfeffer und zusätzlich zum Bestäuben
½ TL Meersalz
natives Olivenöl extra
20 g zerrupfte gemischte frische Kräuter nach Wahl

4–6 PORTIONEN

Den Ricotta, die Hälfte der Zitronenschale, den Parmesan, das Mehl, das Ei, den Pfeffer und das Salz in einer großen Schüssel gründlich vermischen.

Den Teig auf eine leicht bemehlte Arbeitsfläche legen und zu einer Kugel formen. In 4 Portionen teilen. Jeweils 1 Portion zu einer dünnen Rolle formen. Diesen Vorgang mit den anderen Portionen wiederholen. Mit einem scharfen Messer den Teig in 2,5 cm lange Stücke schneiden.

Einen großen Nudeltopf mit gesalzenem Wasser zum Kochen bringen. Die Gnocchi ins Wasser geben und ein paar Minuten lang kochen lassen. Wenn sie gar sind, steigen sie an die Oberfläche.

Abgießen und in eine große Schüssel füllen. Großzügig mit Olivenöl beträufeln und die restliche Zitronenschale, den zusätzlichen Parmesan und die Kräuter hinzufügen. Vermengen und mit weißem Pfeffer bestreut in Schüsseln servieren.

Süßes

Im Sommer, wenn die Erdbeerzeit kommt, ist die beste Gelegenheit, diese göttlichen kleinen Kuchen zu backen. Mit der üppigen Schicht aus cremiger Mascarpone ist dies ein Dessert, an das man sich erinnert.

Sommerliche Shortcakes mit gepfefferten Erdbeeren

280 g in Scheiben geschnittene Erdbeeren
225 g Mascarpone

Shortbread
200 g Mehl und zusätzlich zum Bestäuben
2 TL Backpulver
3 EL Demerara- oder Turbinado-Zucker und zusätzlich zum Bestreuen
60 g kalte Butter in kleinen Stückchen
½ TL Meersalz
190 ml kalte Sahne

Sirup
200 g weißer Zucker
1 TL frisch zerstoßene Malabar-Pfefferkörner
ein Plätzchenausstecher mit 7,5 cm Durchmesser
ein mit Backpapier ausgelegtes Backblech

6 PORTIONEN

Den Backofen auf 190 °C vorheizen.

Mehl, Backpulver, Zucker, Butter und Salz in einen Blitzhacker geben und so lange mixen, bis die Mischung aussieht wie grobe Semmelbrösel. Die Sahne dazugießen und so lange weitermixen, bis sich die Zutaten miteinander verbinden.

Den Teig auf eine leicht bemehlte Arbeitsfläche geben und zu einer 2,5 cm dicken Platte ausrollen. Mit dem Plätzchenausstecher 6 Kreise ausstechen. Die Küchlein mit 2,5 cm Abstand auf das Backpapier legen und mit Zucker bestreuen. Im vorgeheizten Backofen 20 Minuten lang backen.

Für den Sirup den Zucker und die Pfefferkörner mit 120 ml Wasser in einen kleinen Topf geben. Bei mittlerer bis starker Hitze unter gelegentlichem Rühren zum Kochen bringen, bis sich der Zucker aufgelöst hat. Die Hitzezufuhr so weit reduzieren, dass der Sirup nur noch siedet, und 10 Minuten lang sieden lassen. Anschließend vom Herd ziehen und durch ein Sieb in eine Schüssel gießen. Die Erdbeerscheiben hinzufügen und abkühlen lassen.

Zum Servieren die kleinen Kuchen halbieren. Die unteren Hälften großzügig mit Mascarpone bestreichen und mit den Erdbeeren in Sirup belegen. Die oberen Kuchenhälften auflegen und servieren.

Mit dieser delikaten Ziegenkäse-Pannacotta mit einem Topping aus süßen, betörenden kandierten Kirschen können Sie Ihre Gäste sehr glücklich machen. Wenn Sie keinen Ziegenjoghurt finden können, nehmen Sie einfach normalen vollfetten Naturjoghurt. Im Winter verwende ich statt der Kirschen gerne pfeffrige kandierte Blutorangen.

Ziegenkäse-Pannacotta mit kandierten Pfefferkirschen

Pannacotta
2 TL Gelatinepulver
475 ml Sahne
100 g weißer Zucker
115 g zimmerwarmer weicher Ziegenkäse
215 g Ziegenjoghurt

Kandierte Pfefferkirschen
100 g weißer Zucker
1 TL zerstoßener rosa Pfeffer
300 g entsteinte Kirschen, halbiert

6 PORTIONEN

Das Gelatinepulver in 2 EL warmem Wasser auflösen und beiseite stellen.

Sahne und Zucker in einem Topf bei mittlerer bis starker Hitze unter ständigem Rühren zum Kochen bringen. Die Hitze reduzieren und die Sahne 5 Minuten lang sieden lassen, bis sich der Zucker vollständig aufgelöst hat. Vom Herd ziehen und den Ziegenkäse, den Ziegenjoghurt und die Gelatine mit einem Schneebesen unterrühren.

In 6 kleine Förmchen gießen und abkühlen lassen, anschließend abdecken und für 4–24 Stunden in den Kühlschrank stellen.

Für die Pfefferkirschen den Zucker und die Pfefferkörner mit 60 ml Wasser in einen kleinen Topf geben und bei mittlerer bis starker Hitze unter gelegentlichem Rühren zum Kochen bringen, bis sich der Zucker aufgelöst hat. Anschließend die Hitze reduzieren und den Sirup 10 Minuten lang sieden lassen. Vom Herd ziehen, die Kirschen unterrühren und zum Abkühlen beiseite stellen.

Zum Servieren die abgekühlten kandierten Pfefferkirschen mit ihrem Sirup über die Pannacotta geben.

Diese köstliche Creme steckt voller würziger und alkoholischer Aromen. Ich mache sie gerne im Sommer für ein zwangloses Abendessen im Freien. Sie ist im Nu zubereitet und eignet sich auch gut für Picknicks. Ich gieße die Mousse dann in leicht zu transportierende Portionsgläser mit Deckel.

Pfeffer-Schokoladen-Mousse mit Bourbon

140 ml Sahne
2 TL Instant-Espressopulver
2 TL Lampong-Pfefferkörner, grob gehackt
1 EL Bourbon oder Whiskey
300 g dunkle/zartbittere Schokolade (72 % Kakaoanteil)
6 Eiweiß
2 EL extrafeiner Zucker
Crème fraîche zum Servieren
essbare Blüten zum Garnieren (optional)

6 PORTIONEN

Die Sahne in einen kleinen Topf geben, das Espressopulver und die Pfefferkörner hinzufügen. Unter ständigem Rühren zum Kochen bringen, dann vom Herd ziehen und abkühlen lassen. Durch ein feines Sieb in eine kleine Schüssel gießen, anschließend den Bourbon bzw. Whiskey unterrühren.

Die Schokolade bei mittlerer Hitze in einem Doppelkochtopf oder einer hitzebeständigen Schüssel über einem Topf mit siedendem Wasser schmelzen lassen. Vom Topf nehmen und die Espresso-Pfeffer-Sahne unterrühren. Beiseite stellen.

Die Eiweiße in einer großen Schüssel mit dem elektrischen Handrührgerät steif schlagen, anschließend den Zucker unterschlagen.

Die Schokoladenmischung löffelweise zum Eischnee geben und behutsam unterheben. Die Creme auf 6 kleine Schüsseln oder Töpfchen verteilen.
Für 4–24 Stunden in den Kühlschrank stellen.

Zum Servieren auf jede Portion einen Klecks Crème fraîche geben und – falls gewünscht – mit essbaren Blüten dekorieren.

Die wunderbare Schärfe von Chilipulver, Pfeffer und geräuchertem Paprikapulver durchdringt den Geschmack der Mandeln und die Süße des Krokants. Wenn Sie mögen, können Sie die Schokolade weglassen, die über den Krokant geträufelt wird. Sie können ihn entweder nach einem Abendessen als beeindruckende Platte, von der sich Ihre Gäste etwas abbrechen können, im Ganzen servieren oder zerkleinert und über Eiscreme gestreut.

Mexikanischer Krokant

200 g rohe Mandeln, grob gehackt
2 TL Ancho-Chilipulver
2 TL zerstoßene bunte Pfefferkörner
½ TL geräuchertes Paprikapulver
600 g weißer Zucker
100 g dunkle/zartbittere Schokolade (72 % Kakaoanteil)
ein großes Backblech, leicht geölt

REICHT AUS, UM 6 NACHTISCHE ZU GARNIEREN

Mandeln, Chilipulver, Pfefferkörner und geräuchertes Paprikapulver in einen Topf geben und bei mittlerer bis starker Hitze 2–3 Minuten lang rösten. Auf das vorbereitete Backblech kippen und gleichmäßig verteilen.

Den Zucker in einen mittelgroßen Topf geben, 150 ml Wasser hinzufügen und bei mittlerer bis starker Hitze zum Kochen bringen. Den Sirup ungestört ca. 8–10 Minuten lang kochen lassen, bis er goldbraun ist und der Zucker sich aufgelöst hat. Während der Sirup dunkel wird, können Sie den Topf schwenken. Gleichmäßig über die Mandelmischung gießen und fest werden lassen.

Die Schokolade bei mittlerer Hitze in einem Doppelkochtopf oder einer hitzebeständigen Schüssel über einem Topf mit siedendem Wasser schmelzen lassen. Mit Hilfe einer Gabel die geschmolzene Schokolade über den Krokant träufeln und fest werden lassen.

In einem luftdicht verschließbaren Behältnis hält sich der Krokant bis zu 1 Woche lang.

Dieses zur Weihnachtszeit besonders beliebte Gebäck steckt voller Pfeffer und anderer Gewürze. Sie können es entweder leicht mit gepfeffertem Puderzucker bestäuben oder komplett damit bedecken, um es festlich aussehen zu lassen. Falls etwas davon übrig bleiben sollte, macht es sich ausgezeichnet in einem Trifle.

Pfeffernüsse

300 g Mehl
1 TL gemahlener Ingwer
½ TL gemahlener Zimt
½ TL gemahlener Piment
¼ TL geriebene Muskatnuss
¼ TL Natron
2 TL fein gemahlener weißer Pfeffer
115 g zimmerwarme Butter
150 g feiner brauner Zucker
85 g Melasse oder Zuckerrübensirup
1 mittelgroßes Ei
70 g Puderzucker
2 mit Backpapier ausgelegte Backbleche

ERGIBT CA. 36 STÜCK

Mehl, Ingwer, Zimt, Piment, Muskatnuss, Natron und die Hälfte des Pfeffers in eine Schüssel sieben.

Butter, Zucker und Melasse oder Zuckerrübensirup in die Schüssel einer Rührmaschine geben und in ca. 5 Minuten luftig aufschlagen. Das Ei hinzufügen und so lange rühren, bis es vollständig untergemischt ist. Die Geschwindigkeit reduzieren und die Mehlmischung langsam unterrühren.

Jeweils 1 EL Teig abnehmen und zu Kugeln formen. Mit 5 cm Abstand auf die vorbereiteten Backbleche legen. Für 15 Minuten ins Gefrierfach stellen.

Den Backofen auf 175 °C vorheizen.

Die Pfeffernüsse aus dem Gefrierfach nehmen und im vorgeheizten Backofen 15 Minuten lang backen, bis sie goldbraun sind. Auf Kuchengittern abkühlen lassen.

Den Puderzucker mit dem restlichen Pfeffer in einer kleinen Schüssel vermischen. Das vollständig erkaltete Gebäck mit der Zuckermischung bestäuben. In einem luftdicht verschließbaren Behälter halten sich die Pfeffernüsse bis zu 2 Wochen lang.

Eingemachtes, Senfe und Öle

Verwenden Sie diese Mischungen, um Eintöpfe, Nudelgerichte und Pfannengerührtes zu würzen, um Öle und Eingelegtes zu aromatisieren oder verrühren Sie sie mit Öl, um eine Marinade herzustellen.

Für alle Mischungen gilt das Gleiche: Alle Zutaten miteinander vermischen und in einem Glas mit fest schließendem Deckel aufbewahren. Zum Verwenden die Mischung in eine Pfeffermühle füllen.

Mischungen für die Pfeffermühle

Marokkanische Rosenblütenblätter

1 ½ gehäufte TL Tellicherry-Pfefferkörner
1 ½ TL Kümmelsamen
½ TL gemahlener Kardamom
1 ½ TL getrocknete Chiliflocken
2 lange Pfefferkörner *(Piper longum)*
½ Zimtstange, zerstoßen
60 g essbare getrocknete Rosenblütenblätter aus biologischem Anbau
1 TL rosa Pfefferkörner

Getrocknete Hibiskusblüten

45 g essbare getrocknete Hibiskusblüten aus biologischem Anbau, zerkrümelt
1 EL rosa Pfefferkörner
2 lange Pfefferkörner *(Piper longum)*

Zitruspfeffer

3 EL weiße Pfefferkörner
1 EL getrocknete Zitronenschale
1 EL getrocknete Orangenschale

Chinesischer Fünf-Gewürze-Pfeffer

2 EL Szechuan-Pfefferkörner
1 Zimtstange, zerstoßen
2 TL Pimentkörner, zerstoßen
1 TL ganze Gewürznelken
1 TL gemahlener Ingwer
1 TL Fenchelsamen

Hachimi Togarashi

2 TL Sansho-Pfefferkörner
1 Blatt Nori, zerkrümelt (ca. 2 EL)
2 TL schwarze Sesamkörner
2 TL getrocknete Orangenschale
1 TL getrocknete Chiliflocken
1 TL Chilipulver
½ TL gemahlener Ingwer
½ TL Knoblauchpulver

Geräucherter Pfeffer

2 EL geräucherte schwarze Pfefferkörner
1 EL getrocknete Chiliflocken
1 TL grobes Knoblauchpulver
1 TL Bockshornkleesamen
2 TL geräuchertes Paprikapulver
1 getrocknetes Lorbeerblatt, zerkrümelt

Berbere

2 EL Malabar-Pfefferkörner
1 EL scharfes Paprikapulver
1 TL Paprikapulver
1 TL gemahlener Kardamom
1 TL gemahlener Ingwer
1 Zimtstange, zerstoßen
1 TL Pimentkörner
1 TL grobes Knoblauchpulver
½ TL Bockshornkleesamen

Im Uhrzeigersinn von oben links: Hachimi Togarashi, chinesischer Fünf-Gewürze-Pfeffer, marokkanische Rosenblütenblätter, getrocknete Hibiskusblüten, geräucherter Pfeffer, Berbere, Zitruspfeffer.

Jedes Rezept ergibt ca. 500 g. Um die Gläser zu verschließen, schrauben Sie den Deckel zu, solange der Inhalt noch warm ist, stellen das Glas auf den Kopf und lassen es so vollständig erkalten. Anschließend mindestens 1 Woche lang im Kühlschrank aufbewahren. Nach dem Öffnen innerhalb von 6 Monaten genießen.

Mit Pfeffer sauer eingelegtes Obst und Gemüse

Grundrezept Essigsud

475 ml Weißweinessig
100 g Zucker
1 TL grobes Meersalz
1 Lorbeerblatt

Wassermelonenschale

2,25 kg Mini-Wassermelone
3 EL grobes Meersalz
475 ml Weißweinessig
200 g weißer Zucker
1 EL bunte Pfefferkörner
2 TL Piment d'Espelette oder Chiliflocken

Die Wassermelone mit 1 cm Fruchtfleisch daran in kleine Würfel schneiden. 1,4 l Wasser mit dem Salz zum Kochen bringen. Die Wassermelone 5 Minuten lang kochen lassen. Abgießen und in ein großes Einmachglas füllen. Die übrigen Zutaten zum Kochen bringen. Umrühren, damit sich der Zucker auflöst. 5 Minuten lang kochen lassen, dann über die Melonenschale gießen und das Glas verschließen.

Pfeffergurken

6 Mini-Gurken, in dünnen Scheiben
1 Rezeptmenge Essigsud
1 ½ TL Szechuan-Pfefferkörner

Die Gurken in ein sterilisiertes Glas schichten. Die Zutaten für den Essigsud mit den Pfefferkörnern zum Kochen bringen, dabei rühren, damit sich der Zucker auflöst. 3 Minuten lang kochen lassen, anschließend über die Gurken gießen und das Glas verschließen.

Würzige Kumquats

24 Kumquats, halbiert
3 Jalapeños, in dünnen Ringen
1 Zimtstange und 2 Sternanis
2 TL Malabar-Pfefferkörner
1 Rezeptmenge Essigsud

Alle Zutaten außer denen für den Essigsud in ein sterilisiertes Glas schichten. Die Zutaten für den Essigsud zum Kochen bringen; währenddessen rühren, damit sich der Zucker auflöst. 3 Minuten lang kochen lassen, anschließend über die Kumquats gießen und das Glas verschließen.

Japanischer Rettich

4 Wassermelonenrettiche (oder 6 normale runde Rettiche)
12 Shishito-Pfefferschoten (oder Pimientos de Padrón), in Ringe geschnitten
3 Jalapeños, in dünne Ringe geschnitten
1 ½ TL Sansho-Pfeffer
1 Rezeptmenge Essigsud
¼ Becher Sake (Reiswein)

Alle Zutaten außer denen für den Essigsud und dem Sake in ein sterilisiertes Glas schichten. Die Zutaten für den Essigsud und den Sake zum Kochen bringen; währenddessen rühren, damit sich der Zucker auflöst. 3 Minuten lang kochen lassen, dann über das Gemüse gießen und das Glas verschließen.

Im Uhrzeigersinn von oben links: Pfeffergurken, Wassermelonenschale, Karotten und Rosinen (s. S. 28), Chai-Äpfel (s. S. 61), würzige Kumquats, Curry-Blumenkohl (s. S. 32), japanischer Rettich.

Im Sommer, wenn Pfirsichsaison ist, sollten Sie unbedingt einen Schwung dieses köstlichen Chutneys zubereiten. Die Schärfe kommt von den schwarzen Kerala-Pfefferkörnern.

Pfeffriges Pfirsich-Chutney

12 feste reife Pfirsiche, halbiert und entsteint
4 Zwiebeln, grob gehackt
5 Knoblauchzehen, fein gehackt
je 2 TL gemahlener Kreuzkümmel, gemahlener Koriander, Chilipulver, ganze Kerala-Pfefferkörner und Currypulver
1 TL Senfkörner
2 Zimtstangen
3 Lorbeerblätter
355 ml Apfelessig
450 g Demerara- oder Turbinado-Zucker

ERGIBT CA. 1,15 L

Den Backofen auf 200 °C vorheizen.

Die Pfirsiche in 5 cm große Stücke schneiden und in eine Auflaufform aus Keramik schichten. Die restlichen Zutaten außer dem Zucker hinzufügen und mit den Pfirsichen vermischen. Im vorgeheizten Backofen 40 Minuten lang rösten, nach der Hälfte der Zeit einmal durchrühren. Den Zucker hinzufügen und unterrühren. Für weitere 55 Minuten in den Backofen schieben. Alle 15 Minuten kontrollieren und umrühren, damit die Masse nicht verbrennt.

Aus dem Ofen nehmen und 5 Minuten lang ruhen lassen, anschließend in sterilisierte Gläser füllen. Oben einen 5 mm breiten Rand freilassen. Die Deckel zuschrauben. Das Chutney abkühlen lassen und vor dem Verzehr 7–10 Tage lang im Kühlschrank aufbewahren. Nach dem Öffnen hält es sich im Kühlschrank noch bis zu 3 Monate lang.

Diese würzige, rauchige Konfitüre können Sie auf einen Burger klecksen oder zu allem servieren, das in der Hitze des Sommers von einem feurig heißen Grill kommt.

Tomatenkonfitüre mit geräuchertem Pfeffer

1,8 kg Tomaten
2 EL natives Olivenöl extra
1 TL Meersalz
400 g brauner Zucker
1 EL Harissa
1 EL zerstoßene schwarze geräucherte Pfefferkörner
1 Zimtstange
2 EL frisch gepresster Zitronensaft

ERGIBT CA. 700 ML

Den Backofen auf 200 °C vorheizen.

Die Tomaten gleichmäßig auf einem Backblech verteilen. Mit dem Olivenöl beträufeln und mit dem Meersalz bestreuen. Im Backofen 40 Minuten lang rösten, bis die Tomaten aufgeplatzt und ganz leicht angekohlt sind.

In einem Blitzhacker grob zerkleinern, dann in einen mittelgroßen Topf umfüllen. Zucker, Harissa, Pfefferkörner und Zimtstange hinzufügen. Bei mittlerer bis starker Hitze unter ständigem Rühren zum Kochen bringen. Die Hitze reduzieren und die Masse unter gelegentlichem Rühren 40 Minuten lang köcheln lassen, bis sie dunkel wird und eindickt. Den Zitronensaft hinzufügen und weitere 5 Minuten lang köcheln lassen. Die Konfitüre in sterilisierte Gläser füllen und die Deckel zuschrauben. Nach dem Abkühlen im Kühlschrank aufbewahren. Dort hält sie sich bis zu 1 Monat lang.

Senf herzustellen geht ganz schnell und einfach. Bereiten Sie jede Senfsorte auf dieselbe Weise zu.

Senfe

Grüner Pfeffer

75 g gelbe Senfkörner
175 ml Apfelessig
2 EL zerstoßene grüne Pfefferkörner
2 EL brauner Zucker
1 TL frisch gepresster Zitronensaft
1 TL Meersalz

Geräucherter Pfeffer

75 g gelbe Senfkörner
175 ml Apfelessig
1 EL zerstoßene geräucherte schwarze Pfefferkörner
1 EL Harissa
½ TL Ancho-Chilipulver
2 EL brauner Zucker
1 TL frisch gepresster Zitronensaft
1 TL Meersalz

Portwein und schwarzer Pfeffer

75 g gelbe Senfkörner
120 ml Rotweinessig
60 ml Portwein
2 EL zerstoßene schwarze Tellicherry-Pfefferkörner
2 EL brauner Zucker
1 TL Meersalz

ERGIBT JEWEILS 250 G

Die Senfkörner in einer heißen Pfanne ohne Fett 2 Minuten lang rösten, dann in eine Schüssel umfüllen und den Essig hinzufügen. Über Nacht einweichen lassen. Die Senfkörner und alle anderen Zutaten in einen Mixer geben und pürieren. Falls die Masse zu fest ist, noch mehr Essig hinzufügen. In sterilisierte Gläser füllen und mit Schraubdeckeln verschließen. Im Kühlschrank maximal 2 Monate lang aufbewahren.

Verwenden Sie verschiedene Öle, Kräuter, Gewürze, Nüsse und Früchte, um aromatisierte Öle zuzubereiten. Jedes Öl wird nach derselben Methode hergestellt.

Aromatisierte Öle

Szechuan-Chili

235 ml Sonnenblumenöl
2 EL Szechuan-Pfefferkörner

Pfeffer-Madras

235 ml Sonnenblumenöl
1 ½ EL lange Pfefferkörner
2 TL Madras-Currypulver

Pfeffer-Ingwer

235 ml Sonnenblumenöl
50 g kandierter Ingwer
1 EL Malabar-Pfefferkörner

Bunter Pfeffer und

Rosmarin

235 ml Olivenöl
2 EL bunte Pfefferkörner
2 Zweige Rosmarin

ERGIBT JEWEILS CA. 250 ML

Das Öl in einen kleinen Topf gießen und zum Sieden bringen. Vom Herd ziehen und die restlichen Zutaten unterrühren. Über Nacht abkühlen lassen. Am nächsten Tag durch einen Kaffeefilter in ein sterilisiertes Glas mit Deckel gießen (Sie können das Öl auch ungefiltert lassen, falls Ihnen das lieber ist). Im Kühlschrank maximal 1 Monat lang aufbewahren.

Im Uhrzeigersinn von oben links: Szechuan-Chili-Öl, Rosmarinöl mit buntem Pfeffer, Pfeffer-Madras-Öl, Senf mit Portwein und schwarzem Pfeffer, Senf mit geräuchertem Pfeffer, Senf mit grünen Pfefferkörnern, Pfeffer-Ingwer-Öl.

Getränke

Chai-Tee ist eines dieser wunderbaren Getränke, für die jeder seine eigene Rezeptur hat. Trinken Sie ihn heiß oder kalt und fügen Sie ein paar Extras hinzu, um ihm Ihre eigene Note zu verpassen.

Chai-Tee

1 TL gemahlener Ingwer
4–6 Kardamomkapseln, angedrückt
1 Zimtstange
2 Sternanis
1 TL Tellicherry-Pfefferkörner
½ TL ganze Nelken
2 TL Schwarztee
Milch, nach Belieben

1 PORTION

Alle Zutaten außer Tee und Milch mit 235 ml Wasser in einen Topf geben, zum Kochen bringen und 2 Minuten lang kochen lassen. Vom Herd ziehen, den Tee hinzufügen und 5 Minuten lang ziehen lassen.

Durch ein Sieb in eine Tasse oder ein Glas gießen und nach Belieben Milch hinzufügen. Für eine kalte Version Eiswürfel hinzufügen.

Chai-Äpfel *(Abb. s. S. 55)*

4 Äpfel entkernen, in dünne Scheiben schneiden und mit 150 g getrockneten Cranberrys und 1 EL grünen Pfefferkörnern in ein sterilisiertes Glas schichten. Die Zutaten für den Essigsud (s. S. 54) zum Kochen bringen und 1 TL gemischte Chai-Gewürze – die oben aufgeführten oder eine Fertigmischung – hinzufügen. Umrühren, damit sich der Zucker auflöst. 3 Minuten lang kochen lassen, dann über die Äpfel gießen und den Deckel auf das Glas schrauben. Weiter nach der Anleitung von S. 54 verfahren.

Boba (Bubble Tea) ist ein süßes Getränk aus Taiwan mit großen Tapiocaperlen. Es gibt sie in allen möglichen Farben und Geschmacksrichtungen. Dieses Getränk sollte man an einem heißen Tag langsam schlürfen, ohne dass die Perlen im Strohhalm stecken bleiben! Weite Strohhalme eignen sich am besten.

Mango-Pfeffer-Boba

100 g weißer Zucker
6 Kaffirlimettenblätter
340 g klein geschnittene Mango, frisch oder tiefgefroren
350 g Eiswürfel
1 TL Lampong-Pfefferkörner
75 g gegarte Boba-Perlen (große Tapiokakugeln)

4 PORTIONEN

Für einen Zuckersirup den Zucker mit 60 ml Wasser in einen Topf geben und bei mittlerer Hitze so lange sieden lassen, bis sich der Zucker aufgelöst hat. Die Kaffirlimettenblätter hinzufügen, den Topf vom Herd ziehen und abkühlen lassen.

Den abgekühlten Zuckersirup, die Mango, die Eiswürfel und die Pfefferkörner in einen Mixer geben und pürieren. Die Tapiokaperlen auf die Gläser verteilen und mit dem Mangosaft auffüllen. In jedes Getränk einen weiten Strohhalm stecken und servieren.

Dies ist eine großartige Möglichkeit, Wodka zu aromatisieren. Sie können für Abwechslung sorgen, indem Sie andere Pfefferkörner, Zitrusfrüchte und Chilis verwenden. Ich nehme gerne Meyer-Zitronen, weil die einen wunderbaren Duft und Geschmack besitzen. Bewahren Sie den Wodka im Kühlschrank auf für einen eiskalten abendlichen Cocktail.

Pfeffer-Zitronen-Wodka

1 Meyer-Zitrone
1 Flasche hochwertiger Wodka (70 cl bzw. 1 l)
2 Rispen eingelegte grüne Pfefferkörner

ERGIBT 1 FLASCHE

Die Zitrone in dünne Scheiben schneiden. Beginnen Sie mit dem Schichten, indem Sie ein paar Zitronenstücke in die Wodkaflache fallen lassen (oder verwenden Sie eine sterilisierte Flasche mit weitem Hals) und eine Schnur Pfefferkörner hinzufügen. Diesen Vorgang wiederholen und mit einer Schicht Zitronenstücke abschließen.

Die Flasche verschließen und schütteln, anschließend 1 Monat lang an einem dunklen, kühlen Ort lagern. Danach bis zur Verwendung im Kühlschrank aufbewahren, damit der Wodka eiskalt genossen werden kann.

Wenn die Sonne tief am Himmel steht und die Cocktailstunde naht, ist ein Lemon Drop immer willkommen. Aufgrund seiner Einfachheit wird er oft unterbewertet, bekommt hier aber einen Kick durch die sauren Zitronen und den würzigen, mit Pfefferkörnern aromatisierten Wodka. Lehnen Sie sich zurück und schlürfen Sie ihn langsam.

Pfeffer-Lemon-Drop

2 TL zerstoßene grüne Pfefferkörner
1 TL Zucker
zerstoßenes Eis
55 ml Pfeffer-Zitronen-Wodka (s. links)
30 ml Zuckersirup (s. S. 61, Mango-Pfeffer-Boba)
30 ml frisch gepresster Zitronensaft

1 PORTION

Die zerstoßenen Pfefferkörner mit dem Zucker auf einem kleinen Teller vermischen. Den Rand des Glases befeuchten und in den Pfeffer-Zucker tauchen. Beiseite stellen.

Einen Cocktailshaker mit dem zerstoßenen Eis füllen, Wodka, Zuckersirup und Zitronensaft hinzufügen. Kräftig schütteln und in das vorbereitete Glas füllen.

Register

Danksagung

Der Sommer kam und wir versammelten uns wieder einmal in meiner Küche, um mit einem ganzen Arsenal an wunderbaren Pfefferkörnern zu kochen und Fotos zu schießen. Ich möchte mich bei meiner lieben Freundin Erin Kunkel bedanken, die das Essen mit ihren wunderschönen Fotografien so toll in Szene gesetzt hat.

Mein Dank geht auch an Alyse Sakai für ihre Hilfe und ihre harte Arbeit in der Küche. Vielen Dank an Julia Charles, Leslie Harrington, Stephanie Milner und Megan Smith dafür, dass dieses Buch zustande gekommen ist. Meine Seh- und Denkweise in Bezug auf Pfefferkörner hat sich komplett gewandelt!

Dies ist eine großartige Möglichkeit, Wodka zu aromatisieren. Sie können für Abwechslung sorgen, indem Sie andere Pfefferkörner, Zitrusfrüchte und Chilis verwenden. Ich nehme gerne Meyer-Zitronen, weil die einen wunderbaren Duft und Geschmack besitzen. Bewahren Sie den Wodka im Kühlschrank auf für einen eiskalten abendlichen Cocktail.

Pfeffer-Zitronen-Wodka

1 Meyer-Zitrone
1 Flasche hochwertiger Wodka (70 cl bzw. 1 l)
2 Rispen eingelegte grüne Pfefferkörner

ERGIBT 1 FLASCHE

Die Zitrone in dünne Scheiben schneiden. Beginnen Sie mit dem Schichten, indem Sie ein paar Zitronenstücke in die Wodkaflache fallen lassen (oder verwenden Sie eine sterilisierte Flasche mit weitem Hals) und eine Schnur Pfefferkörner hinzufügen. Diesen Vorgang wiederholen und mit einer Schicht Zitronenstücke abschließen.

Die Flasche verschließen und schütteln, anschließend 1 Monat lang an einem dunklen, kühlen Ort lagern. Danach bis zur Verwendung im Kühlschrank aufbewahren, damit der Wodka eiskalt genossen werden kann.

Wenn die Sonne tief am Himmel steht und die Cocktailstunde naht, ist ein Lemon Drop immer willkommen. Aufgrund seiner Einfachheit wird er oft unterbewertet, bekommt hier aber einen Kick durch die sauren Zitronen und den würzigen, mit Pfefferkörnern aromatisierten Wodka. Lehnen Sie sich zurück und schlürfen Sie ihn langsam.

Pfeffer-Lemon-Drop

2 TL zerstoßene grüne Pfefferkörner
1 TL Zucker
zerstoßenes Eis
55 ml Pfeffer-Zitronen-Wodka (s. links)
30 ml Zuckersirup (s. S. 61, Mango-Pfeffer-Boba)
30 ml frisch gepresster Zitronensaft

1 PORTION

Die zerstoßenen Pfefferkörner mit dem Zucker auf einem kleinen Teller vermischen. Den Rand des Glases befeuchten und in den Pfeffer-Zucker tauchen. Beiseite stellen.

Einen Cocktailshaker mit dem zerstoßenen Eis füllen, Wodka, Zuckersirup und Zitronensaft hinzufügen. Kräftig schütteln und in das vorbereitete Glas füllen.

Chai-Tee ist eines dieser wunderbaren Getränke, für die jeder seine eigene Rezeptur hat. Trinken Sie ihn heiß oder kalt und fügen Sie ein paar Extras hinzu, um ihm Ihre eigene Note zu verpassen.

Chai-Tee

1 TL gemahlener Ingwer
4–6 Kardamomkapseln, angedrückt
1 Zimtstange
2 Sternanis
1 TL Tellicherry-Pfefferkörner
½ TL ganze Nelken
2 TL Schwarztee
Milch, nach Belieben

1 PORTION

Alle Zutaten außer Tee und Milch mit 235 ml Wasser in einen Topf geben, zum Kochen bringen und 2 Minuten lang kochen lassen. Vom Herd ziehen, den Tee hinzufügen und 5 Minuten lang ziehen lassen.

Durch ein Sieb in eine Tasse oder ein Glas gießen und nach Belieben Milch hinzufügen. Für eine kalte Version Eiswürfel hinzufügen.

Chai-Äpfel *(Abb. s. S. 55)*

4 Äpfel entkernen, in dünne Scheiben schneiden und mit 150 g getrockneten Cranberrys und 1 EL grünen Pfefferkörnern in ein sterilisiertes Glas schichten. Die Zutaten für den Essigsud (s. S. 54) zum Kochen bringen und 1 TL gemischte Chai-Gewürze – die oben aufgeführten oder eine Fertigmischung – hinzufügen. Umrühren, damit sich der Zucker auflöst. 3 Minuten lang kochen lassen, dann über die Äpfel gießen und den Deckel auf das Glas schrauben. Weiter nach der Anleitung von S. 54 verfahren.

Boba (Bubble Tea) ist ein süßes Getränk aus Taiwan mit großen Tapiocaperlen. Es gibt sie in allen möglichen Farben und Geschmacksrichtungen. Dieses Getränk sollte man an einem heißen Tag langsam schlürfen, ohne dass die Perlen im Strohhalm stecken bleiben! Weite Strohhalme eignen sich am besten.

Mango-Pfeffer-Boba

100 g weißer Zucker
6 Kaffirlimettenblätter
340 g klein geschnittene Mango, frisch oder tiefgefroren
350 g Eiswürfel
1 TL Lampong-Pfefferkörner
75 g gegarte Boba-Perlen (große Tapiokakugeln)

4 PORTIONEN

Für einen Zuckersirup den Zucker mit 60 ml Wasser in einen Topf geben und bei mittlerer Hitze so lange sieden lassen, bis sich der Zucker aufgelöst hat. Die Kaffirlimettenblätter hinzufügen, den Topf vom Herd ziehen und abkühlen lassen.

Den abgekühlten Zuckersirup, die Mango, die Eiswürfel und die Pfefferkörner in einen Mixer geben und pürieren. Die Tapiokaperlen auf die Gläser verteilen und mit dem Mangosaft auffüllen. In jedes Getränk einen weiten Strohhalm stecken und servieren.